첫 딸

첫 딸

초판 1쇄 인쇄 2017년 1월 16일
초판 1쇄 발행 2017년 1월 20일

지은이 | 도영회
펴낸이 | 김경옥
디자인 | 류요한
펴낸곳 | 도서출판 온북스

등록번호 | 제 312-2003-000042호
등록일 | 2003년 8월 14일
팩스 | 02)2274-4602

ISBN 978-89-92364-86-7 03910

첫 딸

도영희 시집

온북스
ONBOOKS

책 머리에

등단 시 소감에서도 밝힌 바 있지만 내가 시를 처음 써 본 것은 46년 전 현대건설 괌 사업본부에서 근무할 때 아내가 보내준 첫 딸의 돌 사진을 보고 너무나 예뻐서 몇 줄 써본 것이었다.

지금 보면 거의 옹알이 수준이 아니었나 싶다.

약 5년 전부터 오랜 직장생활의 큰 틀에서 벗어날 수 있게 되었지만, 그때까지는 여념이 없을 만큼 정신없이 달려왔다.

여유가 생기니 무언가 새로운 것을 한 번 해보고 싶었다. 詩를 써서 내 마음속에 아담한 집을 한 채 짓고 싶었다. 누구의 간섭도 받지 않고 쫓기지도 않고 혼자서 생각나는 대로 편안한 마음으로.

구체적인 설계도 없이 무턱대고 공사에 착수하였다. 원래 연약지반이라 기초공사를 하는 데만 근 3년이 걸렸는데, 이제 겨우 1층 구조물의 형틀을 걷어내게 되었다. 면이 고르게 곱게 나와야할텐데 걱정이다.

詩를 건축물에 비유한다면 詩人은 그 건축물을 있게 한

건축가라 할 수 있다.

수많은 건축가 중에 어떤 이는 세계적으로 유명한 고층 건물, 세계적으로 유명한 아름다운 건축물, 역사적 건물을 세우는 사람도 있고, 어떤 이는 그저 평범한 건물을 세우는 사람도 있다.

나도 이제 詩人의 한 사람으로서 이름있는 건축물은 아니더라도 그저 아담한 전원풍의 집 한 채 정도는 짓고 싶다. 오가는 사람들이 한 번쯤은 바라보고, 한 번쯤은 살고 싶어지는 그런 집을.

긴 긴 세월을 직장생활에 찌들은 몸과 마음이 잔잔히 쉴 수 있는 그런 따스한 집 한 채를 짓고 싶을 뿐이다.

시집이 나오기까지 수고해 주신 도서출판 온북스 배준석 대표, 류요한 디자이너, 그리고 BNS(주) 배보람 주임께 감사드린다.

2017년 1월

栗村寓居에서 율촌 **도영희**

차례

2 검은 점박이 나리꽃

3 사랑 이야기

4 샛별과 초승달

5 흘러가는 강물처럼

1

당신 곁에 서면

첫 딸

(1970년 가을, Guam에서 첫 딸 돌 사진을 보며)

훤한 이마 초롱한 눈망울
오뚝 솟은 코

뜰에 귀뚜라미 울었더냐
귀는 쫑긋

색동 저고리 버선발은
나르는 작은 새

통통한 볼에 조바위 쓰니
한 떨기 꽃처럼 고와라

앵두알 입술만으로도 너를
말해주는데

그래도 모자라 빵긋 웃었나.

가족

너 아니면

그 꽃 어찌 피우랴

너 아니면

그 나비 어찌 불러들이랴

너희 아니면

그 열매 어찌 맺으랴

햇볕과 꽃과 나비

그리고 그 열매는

가장 고귀한 가족.

사과 다섯 알

빨간 사과 다섯 알이
아름답게 빛난다

더러운 손으로
만지지 말아요

아름다움은
더럽혀 질 수 없어요

손을 씻어
깨끗한 손으로 만져요

아름다움은
깨끗함으로 빛이 나요

언제나
아름답게 빛나는

탐스런 사과 다섯 알.

자식 사랑

늙어가고 있는 부모를
사랑하라

부모 마음은 살얼음
살짝 튕겨도 상처 받는다

간혹, 아주 간혹 부모가
섭섭한 말을 한다 해도

걱정하기 때문에
그러려니 하고 지나쳐라

자식을 사랑하는 마음은
변함이 없느니라

섭섭하다 해서
사랑마저 섭섭하겠느냐

걱정한다 해서
사랑마저 걱정하겠느냐

부모는 언제나
자식을 사랑으로 사랑한다

부모는 죽어서도
자식을 사랑으로 사랑한다.

당신

예전에는 미처 몰랐습니다
지금에야 알았습니다

사랑하고 있다는 것입니다
그래서 행복하다는 것입니다

꽃이 피고 질 때마다
비가 오나 눈이 오나

생각나는 사람입니다

마음이 울적하고 슬플 때
기대어 울고 싶은

늘 곁에 함께 있었으면 하는
간절한 사람입니다

예전에는 미처 몰랐습니다

지금에야 알았습니다

사랑하고 있다는 것입니다
그래서 행복하다는 것입니다

앞으로도 그러할 것입니다.

당신이 있어서 1

겨울이 왔는데도
이 차가운 겨울에도

내 마음엔
봄기운이 맴돌고 있습니다

따스한 봄을 느끼게 하는

당신이 있어서 참
즐겁습니다 살맛납니다

매미소리 드높은
찌는듯한 더위 속에서도

귀뚜라미 울어대는
달밝은 가을밤에도

찬 서리발에 지쳐있는
들꽃들 두고서도

내 마음엔 포근한
봄바람이 불고 있었습니다

분홍빛 봄바람 일게하는

당신이 있어서 참
행복합니다 사랑합니다.

당신의 향기 당신의 마음

당신의 향기 그릴 수 없어

행복에 찬 하이얀 치자꽃
산비탈 외로이 핀 칡꽃
마음속에 그리면서
당신의 향기를 그려봅니다

바람을 그리고 싶을때

물결치며 흔들리는 억새풀
들녘에 일렁이는 청보리밭
그리면
바람이 또렷이 그려지듯이.

당신의 마음 그릴 수 없어

가을 깊은 밤에 높이 뜬 둥근달
마음속에 그리면서

당신의 마음을 그려봅니다

맑음을 그리고 싶을때

파란 하늘 하얀 구름 그리면
맑음이 저절로 그려지듯이.

바람이 맑음이 영원히 남아있듯

당신의 향기 당신의 마음도
영원히 남겠지요

그려도 그려도 그리고 싶은
당신의 향기 당신의 마음입니다.

흙돌담 곁에서

우리는 두 마음이
한마음 되었다

흙담의 약함도
돌담의 강함도

아닌

절묘한 부드러운
조화

흙담의 외로움도
돌담의 쓸쓸함도

없는

환상의 아름다운
배합

우리는
머언 태고적부터

두 마음이
한맘 되라는 거였다.

딱 한 사람

들이 있어 산이 더 높아
보이듯이

당신이 있어 내 품격이
더 높아 보입니다

산이 있어 들이 더 넓어
보이듯이

당신이 있어 내 마음이
더 넓어 보입니다

나에게 있어 당신은 꼭
있어야 할

딱 한 사람입니다

당신에 있어 나도 그런
꼭 있어야 할

딱 한 사람이고 싶습니다.

17세 소녀의 생일

을미년 음력 11월 11일
하늘같은 지어미의 71세 생일이다

어느새

곱게 물결치던 머릿결과
참빗 같은 머리카락은
성긴 얼레빗 같이 힘없이 누워있다

귀밑머리 여기저기엔
잔설(殘雪)이 비치고
보드랍던 손에는 굳은살도 박였다

40대 초중후반에 줄 지어 들어선
2남 2녀의 세월이 남긴
아름다운 흔적이려니

축하케익에
굵은 초 한 개와 가는 초 일곱 개를 꽂았다

71세를 뒤집어
17세 소녀의 생일이라 하고 싶어서이다
마음은 아직 그러할테니까

쭉 둘러앉아 촛불을 밝히고
축하노래를 합창한다

“생일축하 합니다, 생일축하 합니다
사랑하는 우리 엄마 생일 축하합니다”

지어미의 두 눈에 이슬이 맺혔다
17세 소녀라는 감격의 맺힘이리라.

당신 곁에 서면

바위틈에서 자라는
소나무가 더 싱싱하더라

하늘 가까이서 자라는
소나무가 더 아름답더라

견디기 힘든 환경 속에서도

더 싱싱해 보이는 것은
더 아름다워 지는 것은

하얀 바위같은
파란 하늘같은

아름다운 모습이
있기 때문입니다

아름다운 모습을 바라보고
있기 때문입니다

내가 지금 이 나이에

더 싱싱해 보이려 하고
더 아름다워 지려 함은

하얀 바위같이
파란 하늘같이

아름다운 당신이
있기 때문입니다

아름다운 당신을 바라보고
있기 때문입니다.

자화상

뒤돌아 볼 것도 볼 필요도 없다
내 삶은 앞에만 있다

내다 볼 일도 볼 필요도 없다
오늘만 보아도 벅차다

가진것 많지야 않지만
부러움도 없다

주어진 병이야 어쩌겠는가
그냥 지니고 함께 갈 수 밖에

때로는 가슴 아픈 일 있었지만
아내 덕분에 잘 왔다

각자 제갈길 잘 가고있는
자식들 지켜보니 흐뭇하다

늘 감사한 마음 지니고 산다

이제는
산들바람 부는 언덕에 올라

들판의 맥파(麥波) 바라보며
황금빛 꿈을 그려본다

점점 익어가고 있는 모습에
즐거움도 느낀다

새로운 나를 찾아가고 있다.

2

검은 점박이 나리꽃

검은 점박이 나리꽃

기울어가는 집안을 붙잡고 있는
부잣집 맏며느리가

화려할 수 있었겠느냐

기운 집안을 다시 일으키려는
맏며느리가

검소하지 않을 수 있었겠느냐

고개숙여 겸손히 피어있는
검은 점박이 나리꽃 바라보면

두 여인의 마음이 보인다

내 어머님 꽃 같고
내 아내의 꽃 같은

자랑스런 검은 점박이 나리꽃.

박꽃

초가지붕 초록 넝쿨 위에
하얀 박꽃이 피었습니다

한여름밤 밝은 달빛 안고
함초롬히 피어있습니다

이슬 맺힌 말끔한 얼굴로
누굴 기다리시나

청초한 얼굴 가슴에 담고
돌아서려는데

어드메서 님 오시는 듯
좋아라 나풀나풀 춤을 추네

오호라!
기다리는 님이 바람이었네.

달빛 별빛 모란꽃

별빛 반짝이는

밤하늘에

둥근달도 떴습니다

달빛별빛 한데 어울려

뜰에 핀 모란꽃

어루만지니

붉게 타오른 복된 얼굴

수줍어

고개 떨구네.

채송화 사랑

햇볕 쏟아지는 뜨락에
채송화 한창입니다

해거름 되면
물조루 들고 물 뿌리고

잡풀 뽑으며
가꾸고 있습니다

이 꽃잎 지고나면
저 꽃잎 피어나고

저 꽃잎 지고나면
이 꽃잎 피어나고

쉴 새 없이 피어납니다

스스로 씨앗 뿌려
해마다 피어나고 있습니다

채송화는

영원히 피어있는
당신과 나의 사랑입니다.

나팔꽃 세 자매

찬란한 태양의 축복 속에
아침이 열렸다

단정한 예복차림의 나팔꽃
세 자매가 빵긋이 웃는다

이슬에 반짝이는 세 자매의
얼굴은 언제나 맑고 곱다

바이올린 협주곡

안토니오 비발디의 사계 중
여름이 연주되고 있다

이제 곧 폭풍우 몰아치고
천둥소리 요란할 텐데...

가을을 지나 마지막 겨울이
연주되면

아! 어찌 되는가

아름답던 나팔꽃 세 자매는
어디에서 잠들고 있을까.

시클라멘 꽃

시클라멘 꽃이 피었습니다

하얀 시클라멘, 분홍 시클라멘
그리고 빨간 시클라멘

참 아름다워 꽃말을 찾아봤다
수줍음이 눈에 띄었다

수줍음이라!

수줍어 말 못 하는 사랑인가
사랑은 감춰지는 것도 아닌데

그래, 어쩌면

사랑한단 말 보다 수줍어 말 못함이
더 값진 사랑일 수도 있겠다

수줍은 사랑의 꽃 시클라멘!
더욱 아름답고 더욱 돋보여라.

접시꽃

녹음 짙은 오솔길 걷다

길섶에 피어있는
접시꽃 앞에 섰습니다

사랑스런 그대가
피어있기 때문입니다

텅 비어있을 그대 가슴에
사랑 듬뿍 담아주려 합니다

가다 서고
오다 서고

그대는 접시꽃 되어
내 앞에 피어있습니다.

설중매

무엇이 그리 그리워

바람 아직 차가운데
여린 얼굴 내밀었느냐

임 놓칠까 마음 졸여

진한 향기 머금고
미소 짓고 있누나

휘영청 달 밝은 밤

네 모습에 반하고
네 향기에 취해

내 마음 통째 주고싶어라.

갯국화

님 향한 마음은 한결같거늘

기다리는 님은 오시지 않고

가슴시리게 모진 바람만
불어오나

한없이 기다리고 기다려도

기다리는 님은 오시지 않고

애달프게도 거센 파도만
밀려오나

그리워서 그리워서 망울진
속마음 터질지라도

기다리고 또 기다려야지

님 향한 마음은 한결같거늘.

피지 못할 장미

햇살 따사로운
쌀쌀한 어느 날 오후

남산 둘레길 돌아 내려오다
산 옹벽 한켠에

외롭게 홀로 서 있는
장미꽃 봉오리 보았네

입동이 지난 차가운 날씨에
어떻게 나왔을까

견디기 힘든 고통을 참고
무슨 미련 있어 얼굴을 내밀었을까

그 사연 알듯하다마는
그래도 쓰라린 마음 어찌하려나

다음엘랑 좋은 때 따스한 날
피어나거라

피지도 못할 장미꽃 봉오리야.

영산홍 사연

연분홍 속옷 차림으로

뽐내더니

녹색 치마 둘렀네

곁에 선 감나무 보기가

부끄러웠나

사랑하고 있었구나

영산홍 고운 얼굴에

초하의 열정 달아오르네.

시들지 않는 꽃

영원히 시들지 않고 지지 않는
꽃이 딱 하나 있다

꽃은 철따라 피고 지는게
꽃의 숙명이거늘

어찌 영원히 피어있는 꽃이
있을 수 있을까?

사랑의 꽃!

마음이라는 무한의 공간에
피어나는 이 꽃은

살을 에는 강추위 속에서도
시들거나 지지 않는다

전생, 전전생에서도
이 꽃은 피었고

다음, 다다음 세상에서도
이 꽃은 피어난다고 했다

사랑의 꽃은

사랑을 다해 사랑하는 사람에게만
피어날 수 있는 꽃이다.

달맞이 꽃

달이 떠야 하는데
아직도 달은 뜨지 않는다

달이 올 때에는
나는 서쪽 끝에 있고 싶다

오는 달을
가장 먼저 맞고 싶어서이다

달이 와서는
아니 가기를 바라지만

달이 갈 때에는
나는 동쪽 끝에 있고 싶다

가는 달을
가장 늦게 놓고 싶어서이다

가면 시들다가
오면 피어나는

당신과 나는 달과 달맞이 꽃.

치자꽃

세모시 한복 곱게 차려입은
새색시 얼굴인가

하얀 명주옷 단정히 입은
어지신 어머님 품 속인가

그 모습 하도 예쁘고 근엄하여
평생 너와 함께 하려는데

만리나 간다는
네 향기 또한 황홀하구나

이래서 너를 두고
행복이라 한 것이더냐

이래서 너를 두고
한 없는 즐거움이라 한 것이더냐

계절이 지나 아름다운 네 모습
황백색 되어 진다해도

진다함은
새로이 피어남의 시작이라

내 마음속에
항상 피어나고 피어있는

그 이름 치자꽃이여!

산노루 가슴 저미는 칡꽃 향기

햇빛 쏟아지는 하얀 들녘에
수박향 짙어 갈 무렵

먼산 녹음 우거진
양지바른 산기슭엔
칡넝쿨 힘차게 뻗어 오르고

넓은 초록 잎사귀 사이로

자주색 분장 고운 얼굴이
보일 듯 말 듯
소롯이 미소 짓고 있습니다

그윽한 향기

파란 하늘 산들바람 타고
산노루 가슴 저미면

탐스런 얼굴 반듯한 모습
구슬처럼 또렷이

이 마음
맑은 눈에 비춰어 옵니다.

3
사랑 이야기

사랑 이야기 1

만약에 당신이
한 떨기 꽃이라면

그 꽃에
날아드는 한 마리 꿀벌이
나 이고 싶다

만약에 당신이
맑은 시냇물 이라면

그 물속에 잠겨
밝게 빛나는 은빛 조약돌이
나 이고 싶다

만약에 당신이
물결 잔잔한 호수라면

그 호수에 떠있는
한 척 나룻배가 나 이고 싶다

만약에 당신이
해질 녘 떠있는 초승달이라면

초승달 바라보며 반짝이는
샛별이 나 이고 싶다

그것이 나 이고 싶은 것은

늘 함께 하며
속삭일 수 있기 때문이겠지요

사랑하기 때문이겠지요.

사랑 이야기 2

사랑,

상냥해서 사랑해서는
안되지요
그리워 그리워서
사랑해야지요

아니지요

그리워서 사랑해서도
안되지요
못 잊어 못 잊어서
사랑해야지요

아니지요

못 잊어서 사랑해서도
안되지요
사랑으로 사랑 다해
사랑해야지요

그렇지만

사랑을 다해 사랑한다 해도
다 한 것은 아니지요

죽도록 죽을 각오로
사랑해야지요

죽어서도 사랑해야지요

함께 잠든 모닥불

달빛어린 밤바다
쓸쓸한 해변에 홀로이 앉아

반짝이는 별을 헤는 그대
달빛같이 맑아라

나는 이 밤 그대 옷 깃을
스치는 한줄기 바람

그대 마음에 떠 있는 서러움
먼 바다에 띄운다

나는 이 밤 그대 곁에서
활활 타고 있는 모닥불

그대 마음에 머무는 그리움
먼 하늘에 피운다

타리라, 타야 한다
먼 동이 틀 때까지

타면서 함께 잠 들리라
타면서 함께 꿈 꾸리라.

기다림 1

저 하늘 저 산 밑에
다소곳이
앉아있는 외딴 초가집 하나

지붕위 굴뚝에서
뽀얀 연기 솔솔 피어오르니
군불 지피는가

해는 서산에 걸려있고
시냇물 소리 더욱 맑은데

뉘 오시는지
아낙네 손길이 매우 바쁘네

어느듯 해는 져서
참새도 제 집 찾아 졸고 있는
느지막 저녁에

사립문 비켜두고
누굴 기다리시나

어디선가 바람 불어와
님 오신다 귀띔해주고
아낙의 옷깃 스쳐 지나간다

흐트러진 머릿결
곱게 쓰다듬고

달빛 스며든 방에 홀로 앉아
뜨게질하며 기다리는

아낙의 두볼에
그리움이 피어난다.

내 마음 그대 마음 1

당신 마음에 자리잡은
내 모습이
초라하지 않은 것은

내 마음에 자리잡은
당신 모습이
아름답기 때문입니다

당신 마음에 심어논
한 알의 내 씨앗이
서서히 싹트고 있는것은

내 마음에 돋아난
한송이 당신 꽃봉오리가
피어나기 때문입니다

날이면 날마다
쏟아지는 따스한 햇살

밤이면 밤마다
쏟아지는 은은한 별빛

당신을 향한 내 마음입니다.

내 마음 그대 마음 2

그대 창문을 열고
밤하늘을 바라봐요

별빛 반짝이면
내 마음인 줄 알아요

내 마음
그대 눈동자에 고이 담아

꿈나라로 와요.

불꺼진 쓸쓸한 창가에
달빛 밝게 비치어

그림자 드리우면
그대 마음인 줄 알겠어요

그대 마음
내 가슴 깊숙히 담고서

꿈나라로 가리다.

생각나는 한 사람

선달이 다가오는 차가운 날

쓸쓸한 오솔길 걷노라면
생각나는 한 사람 있습니다

하얀 목련꽃 피어날 때,
빨간 장미꽃 향기 그윽하고
순백의 치자꽃 활짝 필 때

생각났던 바로 그 사람입니다

강변 코스모스길 걸을 때
가로등 거리에 낙엽 휘날리고
쓸쓸한 가을밤 달 밝을 때

생각났던 바로 그 사람입니다

이제, 함박눈 내려 산야가
하얗게 뒤덮일 때면

어쩌랴, 생각나는 그 사람
또 생각나겠지.

님 오시는 날

꽃봉오리 가슴 열며
님 그리워 하는구나

은은한 향기

님 오시는 길에
듬뿍 뿌려놓고

기다리고 있나니

바람결에
님 소식 들었나

살랑대며 반기고는

저만치
님 오시는지

터져라 웃고 있네.

내가 만약에

내가 만약에
그때 그 시절의 나였더라면

당신의 손을 붙잡고
내 가슴에 끌어당겼겠지요

내가 만약에
그때 그 시절의 나였더라면

당신 가슴을 껴안고
사랑한다고 속삭였겠지요

긴 세월 흘러온 지금
그때 그 시절이 나를 잡아 당긴다

그러나 지금은
큰 강물에 실려 흘러가는 몸

생각이야 하지만
거슬러 갈 수가 없네

어쩌랴
생각만이라도 하며 살아야지

사랑은 예나 지금이나
항상 아름답기만 한 것이거늘.

그 사람

꽃을 보고 있는데

불현듯
그 사람이 보이는 것은

그 사람이

마음속에
홀로 피어 있기 때문일까

달을 보고 있는데

불현듯
그 사람이 보이는 것은

그 사람이

마음속에
외로이 떠 있기 때문일까

홀로 피어있고 외로이 떠 있는

그 사람은
지금 무얼 하고 있을까

그 사람도 한 번쯤
나를 생각하고 있을까.

가을이면

가을이면 소녀가 되어

단풍같은 마음으로
당신 마음에 물들어가고

낙엽같은 마음으로
당신 가슴에 흩날립니다

가을이면 소녀가 되어

파란 하늘같은 마음으로
당신 모습을 바라보고

하얀 구름같은 마음으로
당신 곁에서 떠돕니다

가을이면

나도 모르게
당신이 무척 그리워지고

나도 모르게
당신이 보고 싶어집니다.

가을의 연인

바람결에 시원한 기운 스치며
가을이 미소를 보냅니다

정자나무 그늘 아래
웃통 벗어놓고 부채질하면

인생사 잡다한 시름이야
잠시 접어둘 수 있었는데

매미가 가는 여름 아쉬워
저리도 애처롭게 절규하는데

뜰에 선 봉선화의 꿈이
아직은 덜 영글었는데

어느새 정겹던 여름은 가려하고
가을이 오네요

가을이 오면

그대 마음 달빛 되어 흐르고
내 마음 별빛 되어 반짝이려니

차라리
가을의 연인으로 다시 태어나리.

그리움 1

그리움 안고 잠들었다

이른 새벽 눈 떠보니

썰렁한 방안에

고요함만 가득하네

허전한 마음 가라앉히려

잠든 그리움 다시 깨운다

방문 열고 밖을 보니

아침바람 스산한데

어디선가 날아온

까치 한 마리

매달린 홍시를 쪼으며

짹짹거리네

님 소식 전하는 것인가.

그리움 2

모든 것이
어둠에 묻혀 버렸네

머릿속에 담아놓은
아름다운 모습들이

생생하게
온 몸을 휘감는다

애타게 사랑하는 사람
가슴에 묻고

속울음 삼키면서
조용히 잠을 청해 본다

겨울밤 깊어갈 제
그리움도 함께 깊어간다.

눈빛으로 말하고 마음으로 말하다

1
눈빛으로 말할 때가 있습니다

사랑할 때입니다

사랑하는 눈빛은 기쁨이
넘쳐나는 눈빛입니다

말로서 하지 못할 것도 말할 수
있는 게 눈빛이지요

입으로
하는 말은 숨길 수가 있으나

눈빛으로
하는 말은 숨길 수가 없어요

눈빛으로 말하는 사랑은 뜻깊은
사랑입니다

당신과 나의 사랑입니다.

2

마음으로 말할 때가 있습니다

사랑할 때입니다

사랑하는 마음은 행복이
넘쳐나는 마음입니다

말로서 하지 못한 것도 말할 수
있는 게 마음이지요

입으로
하는 말은 숨길 수가 있으나

마음으로
하는 말은 숨길 수 없어요

마음으로 말하는 사랑은 고귀한
사랑입니다

나와 당신의 사랑입니다.

그대

그대가 나를 사랑하지 않아도
나는 그대를 사랑하렵니다

사랑하지 않으면 이 괴로움
어찌 감당하리오

외길을 걷고 있어요
이 길밖에 모릅니다.

그대가 나를 떠나간다 해도
나는 그대를 기다리렵니다

기다리지 않으면 이 아픔을
어찌 견뎌야 하리오

오던 길 많이 지나갔어요
되돌아 갈 수가 없습니다.

그대가 나를 지워버린다 해도
나는 그대를 지우지 못해요

깊숙이 새겨놓은 그 모습을
어찌 지워야 하리오

나는 그대를 사랑하고 있어요.

끝머리에서

한 해의 끄트머리에 왔지만
끝은 보이지 않는다

땅끝에는 바다가 있는데
해끝에는 바다가 없는가

어쩌랴
다시 첫머리로 가야하리

가서 못다 한 사랑 더 하다
다시 여기로 와야겠다

그때도 끝이 보이지 않으면

다시 또 돌아가

더 더 사랑하리
갯내음 풍길 때까지

그러다 어느 날 바다를 보면

사랑을 품에 안고서
기꺼이 배에 오르리라.

그림자

당신은 호수, 나는 산

호수에 비친 산 그림자
산 보다 더 아름다워라

나는 강, 당신은 실버들

강물에 비친 실버들 그림자
실버들 보다 더 아름다워라

산 그림자는
호수의 물결따라 흔들리고

실버들 그림자는
강의 물결따라 하늘거리네

비가 오고 눈이 내려도
산 그림자 실버들 그림자는

항상
거기 그대로 있네

당신과 나는
떼어놓을 수 없는

산 그림자, 실버들 그림자.

그대가 그리울 땐

그대가 미워지려 할 땐
앞마을 개울가에 앉아

졸졸 흐르는 개울물 위에
'미워진다' 써 볼래요

이내 지워 버리려고요

그대가 보고플 땐
바닷가 거닐며

파도 쓸어간 모래뻘에
'보고싶다' 쓰겠어요

잠시 머물게 하고 싶어서

그대가 그리울 땐
뒷동산에 올라

파란 하늘을 바라보며
말 할래요

그리고 하얀 바위 얼굴에
써 놓겠어요

'사랑합니다' 라고

하늘과의 약속
영원히 지워지지 않게...

우리는

우리는

멀리 떨어져 있어도
늘 곁에 있다고 느끼는 사람

밤하늘의
달과 별이 그러하듯이

우리는

멀리 떨어져 있어도 항상
마주하고 있는 즐거운 사람

수평선의
바다와 하늘이 그러하듯이

우리는

꽃이 피고 질 때마다
더욱 그리워지는 사람

사랑에 젖은
젊은 연인이 그러하듯이

우리는 서로의 마음에
자리한 한아름 사랑 덩어리.

4

샛별과 초승달

샛별과 초승달

별 중의 별이라서
홀로이 반짝이고 있누나

가장 어여쁜 달이라서
살짝이 웃음 짓고 있누나

"별님아! 별님아!
넌 왜 나만 내려다 봐
달님아! 달님아!
아무리 둘러봐도
너만큼 예쁜이는 없어

별님아! 별님아!
넌 왜 멀리 있는거야
가까이 올순 없는거야?
달님아! 달님아!
비록 멀리 떨어져 있어도
내 마음 거기 있고

네 마음 여기 있어

그럼 우린
영원히 함께 가는 거네"

오! 거룩한
샛별과 초승달의 사랑이여!

봄

집 앞 개울물 소리 드높고
바람 매섭지 않으니

아마도
님이 오고 계시나 보다

이름 모를 산새 지저귀는
숲속 응달의 잔설 지르밟고

산등성이 타고 내려오시는
고운 모습

님 오시는 길목에서
뒷산 바라보며
님을 기다리고 있습니다

이제 곧 나는

흙내음 물씬 풍기고
들꽃향기 그윽한
님의 품에 안기겠지요

님의 포근한 마음에
사르르 녹여지고 있겠지요.

봄비

1

봄비가 내립니다 산에도 들에도

새싹 움터
솟아 오르려 합니다
산에도 들에도 그리고 내 마음에도

머지않아 꽃피고 새 잎 돋아
초록물결 일렁이면
억눌렸던 가슴 열고 외치렵니다
이제 우리들 세상이 열렸다고

2

봄비가 내립니다 산에도 들에도

새 생명의
환희의 소리 하늘 드높네요
산에도 들에도 그리고 내 마음에도

머지않아 꽃가마 타고
초록길 따라 오시면은

겨우내 움츠렸던 마음에
그리움이 모락모락 피어나겠지요.

보슬비 1

지금 창밖에는
보슬비 내리고 있습니다

여린 감잎은
좋아라 어깨춤추고

보슬비, 감잎과 사랑을
속삭입니다

보슬비, 녹음 품에 살포시
안기옵니다

5월의 녹음은
더욱 짙어갑니다.

지금 내 마음에도
보슬비 내리고 있습니다

가날픈 가슴은
서서히 두근거리고

보슬비는 가슴과
사랑을 속삭입니다

보슬비, 메마른 마음을
촉촉히 적셔줍니다

5월의 마음은
더욱 푸르러 갑니다.

보슬비 2

보슬비가 내리고 있습니다

풀향기 가득한 오솔길에도
젊음이 물결치는 가로수 길에도

수줍어 말 못하는
새색시 마음처럼 착하게.

보슬비가 내리고 있습니다

새잎 돋아나 싱그러운 공원,
채우지 못해 텅 빈 가슴에도

그리워 그리워서
떠오르는 얼굴처럼 반가웁게.

보슬비가 내리고 있습니다.

아름다운 이 강산 메마른
들녘에

한결같이 어지신
어머님 품속처럼 포근하게.

보슬비가 보슬보슬
정겹게 내리고 있습니다.

골목길

언제나 말이 없다

이런 저런 사연들을 가슴에
담고 있지만

의젓하고 믿음이 간다
정마저 넘쳐흐른다

서러운듯해도 서럽지만은
않다
햇살 찾아드는 행복이 있다

슬픔에 젖어있을 때 웃음이
찾아오듯이

끝인듯해도 끝나는 것이
아니다
큰길 찾아가는 희망이 있다

삶이 고달플 때 새로운 길
찾아지듯이

그렇게 변함없이 살아간다.

오솔길

빽빽이 자라난 잣나무 숲
빈틈으로 아침 햇살 깃들어
가르마 같은 길 위에
뽀얗게 내려앉는다

피톤치드 향 가득한 숲 속을
살찐 참새들이 주인인양
뛰놀며 지저귄다

양볼 꽉 채운 다람쥐가
잽싸게 나무에 오르더니
반가워선지 두려워선지
오물거리며 쳐다보고 있다

그래, 너를 보러 왔어 너를
이 가을의
오솔길은 너를 보러 오는 길

돌아오는 길에
길가에 놓인 눅눅한 벤치에
걸터앉아 숨을 고르는데
길섶 양지바른 한 켠에
살며시 내민 얼굴

이슬 머금은 들국화 송이
배시시 웃으며 나를 반긴다
그래, 너를 보러 왔어 너를
이 가을의
오솔길은 너를 보러 오는 길.

여녹도 해변

알바트로스*에 업혀 천리
일엽편주에 실려 백리

여녹도** 가는 길은
바람 타고 가는 길
햇볕 따라 가는 길

맑은 마음, 있는 그대로
좌선 하고 있는

저 건너 여녹도는
노래가 흐르는 집
행복이 가득한 집

바람도 쉬어가고 바닷새도
졸고 있는

저기 저 여녹도는
마음이 머무는 곳
꿈이 펼쳐지는 곳

햇볕 쏟아지는 여녹도 해변에는
아늑함이 넘쳐흐르고

반짝이는 밤하늘엔
별들이 소곤소곤

달빛어린 여녹도 해변에는
사랑의 꽃이 피어오른다.

* **알바트로스(Albatross)** : 바다새, 조류 중 가장 활공을 잘하는 새
날개길이가 3m, 5,000km까지 비행가능

** **여녹도** : 여심을 녹이는 마음의 섬

단풍과 詩人

1

단풍,

너는 가면서
어찌 그리 점점 더

아름다워지느냐

詩人,

나도 가면서
단풍처럼 그렇게

아름다워졌으면.

2

단풍은

이슬에 젖으니

더욱
고와지더이다

詩人도

사랑에 젖으니

더욱
고와 지누나.

단풍과 詩人은
그렇게 닮았더이다.

물

앞만 보고 제 갈길 잘 가고 있다

가면서 부딪히는 일 많아도
다투지 않고 돌아가고

있으면 있는 대로 없으면 없는 대로
욕심없이 빈 곳 채워주며.

바위를 뚫고 산을 허물만한 강한
힘을 가지고도

자만하지 않고 포용하고 베풀며
항상 순응하나 본분은 잃지 않으니

우러러 볼 수밖에...

부드럽고 약하게 보이지만

때가 되면 확실하게 행동하니
아무도 함부로 덤빌 수 없어.

물,

물은 멈추지 않고 그렇게
풍요와 번창을 위해

도도하게 흘러 흘러 왔다

물은 멈추지 않고 그렇게
모든 생명체를 지키며

근엄하게 흘러, 흘러 가리라.

첫눈이 내리면

첫눈이 내리고 있습니다

첫눈이 내리면

허전한 마음 한자리에
임이 있으신 듯

첫눈처럼 반갑게
사랑하는 임을 보고 싶다

첫눈이 내리면

쓸쓸한 거리 어디에서
임이 오시는 듯

첫눈처럼 즐겁게
사랑하는 임을 맞고 싶다

반가웁고 즐거웁게

첫눈이 내리고 있습니다.

한겨울의 미소

빙점 선상의
으스스한 마음 가누지 못해
무심코
먼 하늘 바라보니

파란 하늘 아래
따스한 햇살 듬뿍 머금은
하얀 구름 한 점이

그대 얼굴에 흐르는
한겨울의
미소처럼 포근하게 다가온다

그리움 움켜쥔
마음의 살얼음 녹여주려나.

바람과 갈대

바람, 님 그리워 흐느끼다
갈대, 님 오시라 부르짖다

그리움의 설움
기다림의 아픔

바람과 갈대
황금들녘에 연을 띄우다.

바람, 갈대 등에 가만히 업히다
갈대, 바람 품에 살며시 안기다

그리움의 환희
기다림의 향기

바람 그리고 갈대
맑은 하늘에 시를 읊조리다.

바람, 갈대 몸통을 와락 껴안다
갈대, 바람 가슴에 얼굴 파묻다

그리움의 폭발
기다림의 분노

바람 그리고 갈대
달 밝은 밤에 강을 건너다.

청포도

7월의 태양 아래
그리움은 영글어 가고

그동안
거센 비바람과 병마에
시달렸어도

이제
건강한 모습으로
부풀은 가슴 열고

임이 오실 날 기다립니다.

어느
열기 식어가는 해질녘
쓰르라미 울 적에

잠시라도
지난 날들 그려보며
임의 품에 안기었다

한껏 터트리려 합니다.

푸른 그리움 미련없이
임의 마음에 녹아들까 합니다

그렇게
임의 가슴에 적셔들까 합니다.

잊지 못할 계절

계절이 바뀐다 해서
지난 계절이 잊혀지리오만

다가오는 여름은

그야말로 푹푹 찌는듯한
더위였으면 좋겠습니다

파릇파릇 새싹 돋아나고
아름다운 꽃들 피어나는

그 좋은 계절이
간절히 더 생각날까 해서요.

다가오는 가을은
훌쩍 지나갔으면 좋겠습니다

가을이라 해서 그 좋은 계절을
잊을리 있겠으리오만

잠시라도
잊힐까 염려되서요.

계절이 오기 전에 생각나는
계절이 없겠으리오만

다가오는 겨울은

참으로 견디기 어려울 만큼
추웠으면 좋겠습니다

파릇파릇 새싹 돋아날
아름다운 꽃들 피어날

그 좋은 계절이
더 생각날까 해서요.

계절이 가도, 아니 와도
잊을 수 없는 그 좋은 계절은

언제나 당신으로 다가옵니다.

직박구리

마지막 홍시마저
쪼아 없어진
빈나무 끝가지에

직박구리 한마리
찾아와

요리조리 두리번거리다
어디론가
훌쩍 날아갔습니다

앉아있던 나뭇가지
잠깨라 흔들어놓고.

먼 남쪽에는 벌써
첫 매화 피었다는데

찌익 찌익
봄소식 전하고는

잔설 녹는 계곡으로
봄맞이 갔나봅니다.

가을이 간다 해도

가을이 오면 짙게 물든
잎새들이 아름답듯이

솟구치는 그리움도
더욱 아름다워집니다

가을이 가면
잎새들은 따라가지만

가을이 간다 해도
그리움은 아니 갑니다.

가을이 오면 피어나는
꽃잎들이 아름답듯이

익어가는 사랑도
더욱 아름다워집니다

가을이 가면
꽃잎들은 따라가지만

가을이 간다 해도
사랑만은 아니 갑니다.

그리움과 사랑은
항상 아름답게 남아있어요.

가을 잠자리

꽃잎 진 빈 가지에 가을 잠자리
한 마리 앉았습니다

파란 하늘을 위로하는 한 점
구름처럼

그대 창가를 빙빙 맴돌다
가만히 내려앉았습니다

꿈적도 하지 않고 그대로
앉아있습니다

기다리다 기다리다 지쳐
속절없이 주저앉는다 해도

떠나면 그대 마음 외로울까
떠나지 못하고 있습니다

사랑의 숨결 가슴에 담으며
마냥 앉아있으려 합니다

그러다
그대 곁에서 잠들려 합니다.

시월의 어느 날

가을을 노래하는 양
재잘거리고 있는

강변 코스모스 꽃밭에서
발길 멈췄습니다

빨간 고추잠자리 뜬 자리에
나비 한마리 앉았습니다

속삭이듯 나래를 접었다 펴고
펴고는 또 접고

무슨 할말 그리도 많을까

코스모스와 나비의 얘기
엿듣다

불현듯

떠오르는 한 사람 있어
잠시 맑은 하늘 바라봅니다

가을꽃처럼 청초한 얼굴

나비같이 나풀나풀
춤추듯 두 손 흔들며

코스모스 꽃 속에
아름답게 피어오릅니다.

감잎과 햇빛

아직은 여린 감잎에

햇빛이 쏟아집니다

바람에 들킬까

숨죽이고

파란 하늘 바라보며

감잎은 햇빛을

꼭 품고 있습니다

바람 한 점 없는

어느 여름날 아침

감잎과 햇빛은

그렇게

정답게 속삭이고 있습니다

단감 한 알

창가에 홀로 선 단감나무의

단감 한 알이
유리창 안을 들여다 보고 있다

가지가
슬쩍 들여다보라 하였구나

단감 한 알이
유리창을 두드리고 있다

바람이
똑똑 두드려보라 하였구나

내가 보고 싶어서인가

나도
보고 싶은 한 사람 있는데

너도
보고 싶은 한 사람 있었네.

함박눈

겨울비 내리던 어느 날

그대 마음 하얀 눈을
떠올렸었는데
오늘
함박눈이 내리네요

슬슬 내리더니
펑펑 쏟아지네

그대 그리는 내 마음
헤아렸나
그리워, 하도 그리워
몸부림치며 오네

앞뜰 정원, 뒤꼍 장독대
푸른 소나무, 모든 것이
그대 하얀 품속에
포근히 안겨 잠들었네

하지만 그리움은
잠재우지 못하네

함박눈이 휘날리면

그리움은
커지고 더 쌓여만 가니

그대 마음 함박눈이
펴얼펄 휘날리고 있네요.

5

흘러가는 강물처럼

흘러가는 강물처럼

아무리 가지 않으려 해도
흘러갈 수밖에 없다

시간도 흐르고
공간도 흐르고
너도 흐르고 나도 흐른다

사랑도 흐르고
미움도 흐르고
즐거움도 고달픔도 흐른다

제 각기 모두
흘러 흘러간다

강물이
흐르고 싶은 대로 흐르듯이

더는 아쉬워하지 말자
더는 바둥거리지 말자

그냥 그대로
세월 따라 흘러가는 것인데.

시절인연(時節因緣)*

이 아름다운 꽃송이가
지금 피어있는 것은

우리가 약속하지 않은 약속.

어제보다 더 오~랜 어제부터
지금보다 훨~씬 앞 지금에서

씨앗 뿌리고 싹을 틔워

정성을 다해
가꿨기 때문일 것이리라.

지금 피어있는
이 아름다운 꽃송이를

일구월심
마음에 담고 또 담고 있음은

우리가 바랄 수 없는 바람

내일 보다 더 머~언 내일까지
하늘 보다 더 높~은 하늘에서

피어 있게 하려는
간절한 바람일 것이리라.

수많은 겁(劫)** 흘러온 약속으로
왔다
수많은 겁(劫) 흘러갈 바람으로
가는

오!
아름다운 이 인연의 꽃이여!

* **時節因緣** : 모든 인연에는 오고 가는 시기가 있다는 불가용어
** **겁(劫)** : 불교에서 일정한 숫자로 표시할 수 없는 무한한 시간. 인간세계에서 4천3백2십만년이 1겁

108 번뇌에게

얼마나 긴 세월 함께 왔더냐
얼마나 더 함께 가려느냐

버리려 던져버리려 해도
버릴 수 없는 질긴 인연

원한도 아쉬움도 없다

어차피 헤어질 운명이라면
만나지나 말았어야지

어차피 함께 갈 운명이라면
달래기라도 했어야지

오늘 하루도

버릴 수 없는 너를 달래려고
눈을 감고 기도드린다.

연등이 합장하고

캄캄한 길 불밝혀

참 길 찾으라는

가르침이고

때 묻은 몸 씻겨주고

다시 더럽히지 않게하는

자비로움 이며

귀한 인연

영원히 함께 하라는

사랑이고

합장하고 서서

빌고있는

중생의 간절한 마음입니다.

반려(伴侶)

자갈 깔린 시골 신작로에
솔가리 한 짐 지고
소 몰고 가는 영감님

요기한 장터국밥에 문제가 있었나
갑자기 뱃속에서 전쟁이 일어났다

해는 저물어 가고 갈 길은 먼데

저녁상 차려놓고 영감님 기다리는
할매의 눈가엔 졸음이 피어 오른다

언제쯤 오시려나 벽에 기대앉은
할매가 자꾸만 꾸벅인다

영감님 늦은 밤에 당도하여
사립문 걸어놓고 방에 들어서니

할매는 꿈나라에,
머리맡에 놓여있는 밥상은
호롱불만 깜박이며 지키고 있네

야삼경이 지나서야
호롱불 끄고 잠자리 드니

창호지를 통해 스며든
은은한 달빛에

할매의 얼굴이
한송이 국화처럼 아름답다.

완행열차

우르르 올랐다
우르르 내려 사라진다

삶에 지친 얼굴들이.

쉬엄쉬엄 가다 태우고
쉬엄쉬엄 가서 내려놓는다

서둘러야 할 화려해야 할
이유가 전혀 없다

한을 실어 나르기에.

그저 엉덩이 살짝 붙이고
눈감고 졸며 가다

내릴 역에 도착하면
내리면 그만이다

그렇게 완행열차는
한을 싣고 한을 삼키면서

오늘도
묵묵히 쉬엄쉬엄 가고있다.

옥수수와 인생

천기 지기 듬뿍 받고 자라
속이 꽉 찬 옥수수를

내 앞니가 쏙쏙 뽑아
야금야금 갉아먹어 들어간다

알갱이는 점점 줄어
허허한 빈터만 남는다

잘 익은 옥수수처럼
충실하고 가지런한 인생을

세월의 앞니가 흩트리며
야금야금 갉아먹어 들어간다

나는 점점 작아지고
황량한 세상만 홀로 남으려나.

보고 싶어 왔는데

보고 싶어 왔는데

우물물 길어
나물 씻고 밥 지으시던
어머님은 어디 가시고

두레박만
외로이 앉아있는가

우물가 하얀 찔레꽃만
피어나 반기는가

보고 싶어 왔는데

과수원 돌아보시던
아버지는 어딜 가시고

손때 묻은 지팡이만
외로이 기대어 서 있고
진돌이만 꼬리치며 반기는가

워낭소리 애잔한 누렁이만
두 눈 껌뻑이며 반기는가

보고 싶어 왔는데...

어느 노부부

한날한시까지야 아니더라도
이내 뒤따라 가면 좋겠지만

나를 혼자 남겨두고
당신이 외롭게 떠나간다면

당신이 없는 나는

혼자 살 수 없다는 것을
알면서도 떠나야만 하는

당신의
아픈 마음 오죽하겠으리오

내 남은 한가지 소원은
차라리 당신을 두고 내가
먼저 갔으면 하는 것이오

당신의 마음을 아프지 않게
하기 위하여

나 없어도 당신은
혼자 살아갈 수 있는 지혜가
있으니까

저녁 밥상을 마주한
노부부 얼굴에 수심이 가득하다.

황혼의 빛

호숫가 양 옆으로
벚꽃 피어 한창이었는데

어느새
벚꽃 눈 함빡 흩날리누나

피어있을 때
그리도 고웁더니

질 때 또한
저리 아름답구나!

벚꽃 눈 내리는 꽃길을
손잡고 거니는

젊은이들의 얼굴에는
사랑의 빛 감돌고

봄 향기 가득한 벤치에
기대앉은 노부부 얼굴에는

활짝 핀 벚꽃 보다
더 고운 황혼의 빛이 흐른다.

웃고 즐기며

저 세상보다 이 세상이
좋다는데

웃고 즐기며 살아봅시다

짐이 무거우면
내려놓으면 그만이고

마음이 무거우면
비워버리면 그만이요

병마가 괴롭히면
쫓아버리면 그만인데

비 오면 비 맞고
바람 불면 바람 맞으면서

이 일 저 일 골몰하지 말고
웃고 즐기며 살아 봅시다

그래도 저 세상보다 이 세상이
좋다는데.

살다 보니 그럴 때도

늘 한결같은 마음이지만

밤하늘에
달 밝고 별빛 반짝이는데도
유리알처럼
맑고 푸르른 날인데도

마음이
되레 무거울 때가 있습디다
가슴에 납덩이 얹혀있듯
그렇게 무겁기까지 합디다

늘 한결같은 마음이지만

밤하늘에
달빛 별빛 구름에 가려
비 내릴 듯
잔뜩 찌푸린 날인데도

마음이
오히려 가벼울 때가 있습니다
냇물에 종이배 떠가듯
그렇게 가볍기까지 합니다

살다 보니
그럴 때도 더러 있더이다.

수의(壽衣)

먼 옛날부터 아예
주머니를 만들지 않았어

빈손으로 가야 하니까

여기서는

주머니 달고 다니면서
집어넣고 빼고
먼지 속에 살지만

거기서는 그럴 필요가 없어
참 깨끗한 좋은 세상이야

하지만

넣고 가져갈
주머니야 없을지라도

쓰다 남은
안동포 헝겁 한조각으로

맺은 인연 달고 갈
예쁜 고리 하나쯤

달아 놓아도 좋으련만.

긴 여행

한 해가 저물어 가고있다

칠십이억 킬로가 넘는 긴 여행의
종착역이 가까워 진다

무엇을 어떻게 하며 다녔는가?

이제 또 그 만큼의
새로운 여행이 시작될 것이다

서서히 저물어가는
인생길 한켠에서

깊이 생각하지 않을 수 없다
무엇을 어떻게 해야할 것인지

값지고 아름다운 모습
남기고 싶어서이다

세월은 밝아오면 저물고
저물면 또 밝아오는
저묾과 밝음의 연속이나

인생은
한번 저물면 그만인것을.

여정(旅程)

어디쯤인가?
짐작은 가는데 알 수가 없어이

열 손가락 끝이 저만치에
보여 알 것도 같건만

어떻게 여기까지 왔는지
아득하기만 하여이다

언제쯤인가?
짐작은 가는데 알 수가 없어이

열 손가락 끝이 저만치에
보여 알 것도 같건만

어떻게 거기까지 갈런지
막막하기만 하여이다

세상은 요지경이더이다
먼저 갈 사람이 늦게 가고
늦게 갈 사람은 먼저 가고

데려가야 할 사람은 남아있고
있어야만 할 사람은 데려가고

진정 언제쯤인가는 몰라도
그냥 심심찮게 살면 평안하리라.

술 한잔

술이 줄어 빈속을 채우니
목소리가 커진다

송년 회식모임에 자리한
직장인들이다

술이 줄어 가슴에 넘치니
열정이 솟구친다

아늑한 카페에 마주 앉은
연인들이다

술 한 잔에 마음을 적시니
황혼빛이 붉게 타 오른다

저녁 식탁에 반주 즐기는
노부부의 아름다움이다

한 잔 술에 고달픔이
햇살에 눈 녹듯 사라진다

술 한잔이다 술 한잔이라.

易東 繼尙古宅에서

여기

역동 계상고택* 앞마당에

봄바람 불고 있다

겨우내

웅크리고 앉아있던 자리

훌훌 털고 일어나

봄바람 맞고 있다

우탁선생의 꽃 피어나고

퇴계선생의 꽃 피어난다

여기

역동 계상고택 앞마당에

봄이 찾아 왔다

아이야,

우리 모두 함께 모여

봄맞이 가자.

* **역동 계상고택** : 퇴계 이황의 11세손 계상 이만응이 1800년대 후반에 역동 서원 옛 터에 지은 집. 경북 안동 부포리에 있다

어느 한여름 저녁

매미도 잠자리도 졸고있는
한여름 초저녁

쏟아져 내린 땡빛 날려버린
산들바람 간지럽다.

마당 한가운데 자리한 평상
열기 식어갈 무렵이면

비지땀 훔쳐대며 솜씨 자랑한
누른국수 익는 구수한 내음에
갑자기 배가 꼬르륵 거린다.

평상에 둘러앉아

솎음배추 애호박 썰어넣어
푹 삶은 콩가루 섞은
누른국수 한사발에

재래 양념간장 한 숟갈 얹어
두어사발 후루룩 뚝딱 해치우고

찬 우물에 담가놓은 시원한
수박 한점 입에 물면

세상에 걱정할게 무에 있으랴.

쌓인 시름이야 붉게 타오르는
저녁노을 따라 가시고 말 것인데

바라만 보는 멍멍이 눈빛만
던져줄 게 없어 측은할 뿐이지.

뒷짐지고
마을 한바퀴 돌다 오니

텅 빈 평상에는 어느새
달빛만 가득 하구나.

달과 고향생각

도심의 밤하늘에 정월 대보름달 떴습니다

빈 깡통에 불 지펴 휙휙 돌려 보름달보다
큰 보름달 그리면서

논두렁 마른 풀잎에 불 지르며 쥐불놀이
하며 놀던 고향이 그립습니다

고향에서는

마른풀 거름되게하여 풍년을 기원하고

탈없이 지내기를 바라는 간절한 마음이
있었지요

고향 떠나 긴 세월 흐른 지금

불태우며 소망했던 고향이 생각난 것은
마음속에 자라난 마른풀 때문일까

오늘 새해 첫 보름달 바라보며
고향 달빛 가슴에 안고

부름 깨물며 마음속에 자란 마른풀에 불을
지른다

그때 그 고향의 간절한 마음을 되새기며.

향성(香聲)

깊은 산 고즈넉한 산사(山寺)의
앞 마당에
오늘도 햇빛이 가득하다

물소리 바람소리
허공을 맴돌고
목탁소리 풍경소리
가슴을 파고든다

봄이면
꽃망울 터지는 소리
여름이면
빗방울 떨어지는 소리

가을이면
낙엽 흩날리는 소리
겨울이면

함박눈 쌓이는 소리

사시사철 맑고도 정겨워라

불꺼진 산방(山房)의 들창
달빛 부서지는 소리 애잔하고
새벽녘에 울려 퍼지는 범종소리
스님들 불경소리 장엄하다

저만치서 들릴 것 같은
임의 발자욱 소리

밤의 소리에 젖은
고요한 도량(道場)에
새 아침의 동이 튼다
새 아침의 태양이 솟아오른다.

앙상블

잔잔한 호수를 높은 산이
병풍을 치고 있다

높푸른 하늘엔 구름이
두둥실
황금빛 들녘에 참새떼
우르르

바람이 산들 불어 낙엽은
흩날리고
붉게 물든 저녁노을 따라
기러기떼 울며 간다

호숫가 벤치엔 노부부의
정취가 흐르고
은행잎 가로수길 위에는
열정이 흐른다

가을이 깊어가니
사랑도 깊어가고

사랑이 깊어가니
인생도 깊어간다

세상사 최고의 앙상블이어라.

오늘

눈을 떠 보니 새벽 세시반

오늘이 가만히 와서
나를 에워싸고 있습니다

가벼운 준비운동을 한 후

108염주 잡고 새벽 기도를
드립니다

감사해야지 용서해야지
건강해야지 사랑해야지

다시는 오지 않을 오늘을
뜻있게 보내야지

오늘을 보내려 할 때
아쉬움 남기지 말아야지

이렇게 마음 다잡고
오늘을 시작합니다

언제부턴가
그렇게 살아왔습니다

앞으로도
그렇게 살아가려 합니다.

나는

나는

드높은 가을하늘 떠도는
구름 한 점

어느 뉘 나를 두고
외로울 거라 말하느냐

나는야

갈 곳 많고 볼 것 많아
즐겁기만 하여라

나는

가을 들녘 양팔 벌려 지키는
외다리 허수아비

어느 뉘 나를 두고
불쌍하다 말하느냐

나는야

황금빛 물결 바라보며
즐겁기만 하여라

나는

봇짐 메고 죽장 짚고
갈길 바쁜 길손

어느 뉘 나를 두고
고달프리라 말하느냐

나는야

머물 곳 있고 반겨줄 이 있어
마냥 즐겁기만 하여라.

한순간

똑, 떨어지더니

동그란 원을 그리다

사라진다

물위에 떨어진 물방울이다

한순간이다

쑥, 나오더니

나름대로 열심히 살다

사라진다

세상에 태어난 생명들이다

한순간이다

코스모스의 조화일 뿐이다.

가위 바위 보

가위 바위 보!

가위는 바위에 부서지고
바위는 보에 덮여 싸이고
보는 가위에 찢어진다

이긴자도 진자도 없다
이기고 짐의 반복일 뿐이다

과거 현재 미래!

과거는 현재가 차지하고
현재는 미래가 침식하고
미래는 과거가 흡수한다

그게 그거다
서로 물고 물리며 뒹굴뿐이다

이처럼 인생에서는
한 경우만 있을 수는 없다

이런 경우 저런 경우 다 겪으며
돌고돌며 살아 갈 뿐이다

그저 가위 바위 보! 하면서.

주춧돌

평생 너와 함께 하라는
하늘의 뜻으로
정해진 배필 아니드냐

이제는 떨어질 수 없는
한 몸
천년인들 못 가랴만

언제인가 너 떠날 때에는
나 또한 함께 하리라

너 있어 내가 있음이
하늘의 뜻인지라.

詩論

久遠의 戀歌를 위한 시혼의 불꽃

배 용 파
시인,(사)국제문인협회 이사장

… (전략)
통통한 볼에 조바위 쓰니
한 떨기 꽃처럼 고와라

앵두알 입술만으로도
너를 말해 주는데

그래도 모자라 빵긋 웃었나?
("첫 딸" 중에서)

오랜 세월을 묵혔다가 마침내 선을 보이는 중량급 신인 栗村 도영회 시인의 첫 시집 <첫 딸>은 오랜 세월을 갈고 다듬은 흔적이 역력할 정도로 주옥같은 시편들로 가득하다. 50여 년 전에

써내려간 것으로 보이는 "첫 딸"만 해도 첫 딸에 대한 절절한 애정이 우리 모두의 가슴을 오롯이 적셔주고 있음은 어떻게 해석해야 할까? 태생적으로도 시인이라 할 都 詩人이 어떻게 가슴 속으로만 詩를 품고 기나긴 세월을 헤쳐 왔는지 의문을 품지 않을 수 없다.

가족-꽃-사랑-인생-자연 등 5개 분야로 정리하여 발표한 95편의 詩作은 한 편 한 편이 마음을 다하여 다듬고 또 다듬은 詩魂이 깃든 力作으로서 이를 마치 흙속에 묻혀있던 귀중품을 건져 올린 느낌이라면 과언일까? 都 詩人의 실제적인 詩歷을 감안한다면 꼭히 단정할 수만은 없을 듯하다.

…(전략)
어느 새

곱고 물결치던 머릿결과
참빛 같은 머리카락은
성긴 얼레빗 같이 힘없이 누워있다

귀밑머리 여기저기엔
잔설(殘雪)이 비치고
보드랍던 손에는 굳은살도 박였다
…
지어미의 두 눈에 이슬이 맺혔다
17세 소녀라는 감격의 맺힘이리라

("17세 소녀의 생일" 중에서)

율촌 도영회 시인의 가족사랑은 매우 깊다. 어떤 면에서는 시를 쓸 수 있는 원동력이기도 하다. "... 참빗 같은 머리카락은 / 성긴 얼레빗 같이 힘없이 누워있다 / ... 지어미의 두 눈에 이슬이 맺혔다. / ..."에서 보듯이 아내에 대한 사랑의 속살을 이토록이나 진솔하고도 가감 없는 표현기법으로 나타내고 있음은 아내와 그리고 가족에 대한 깊은 사랑을 보여주고 있다고 하겠다. 이처럼 도 시인의 삶과 가족에 대한 구원의 사랑이야말로 본격시인으로서의 창작활동을 가능케 하는 견고한 토대를 구축해 주고 있다.

무엇이 그리 그리워

바람 아직 차가운데
여린 얼굴 내밀었느냐

임 놓칠까 마음 졸여

진한 향기 머금고
미소 짓고 있누나

(이하 하략, "설중매" 중에서)

매운당 이조년(李兆年), 백년설 등 당대의 인물들을 배출한 성주가 고향인 都 詩人은 정통시인답게 꽃에 대한 관심과 애정도 남달라 꽃을 가꾸고 꽃을 노래하는 詩作에도 쉼 없이 다가서서 깊은 대화를 나누고 있다. 아직은 차가운 겨울추위임에도 얼굴을 내밀고 있는 '설중매'를 자연주의자로서의 도 시인의 詩心은 그냥 지나칠 수는 없었을 것이며 여기서도 애틋하고도 직설적인 심정을 감추지 않는다. 임을 놓칠까 차가운 바람에도 얼굴을 내민 매화의 애틋한 마음이 참으로 가슴에 와 닿는 듯하다. 말하자면 서술기법이 매우 돋보인다고 하겠다.

또 다른 시편 "피지 못할 장미" 에서도 같은 흐름을 본다.

"...(전략) 남산 둘레길 돌아 내려오다 / 산 옹벽 한켠에 / 외롭게 홀로 서있는 / 장미꽃 봉오리 보았네. 입동이 지난 차가운 날씨에 / 어떻게 나왔을까 / 견디기 힘든 고통을 참고 / 무슨 미련 있어 얼굴을 내밀었을까?" (이하 하략, "피지 못할 장미"중에서)

남산 길을 내려오다 보게 된 장미꽃에 대해서도 都 詩人은 무심히 지나치지 않고 거의 본능적인 시심으로 겨울추위에도 얼굴을 내밀고 있는 장미꽃의 애처로움을 매우 돋보이게 묘사하고 있는 것이다. 김춘수 시인의 "꽃"을 비롯, 무릇 시인이라면 꽃을 사랑하고 관념적으로 노래함은 지극히 자연스럽다고 하겠으나 특히 도 시인의 경우에는 경북 성주에서의 어린 시절의 꽃동네가 잊힐 리가 없을 것이다.

古稀를 넘기고도 몸에 밴 치열한 작가정신으로 삶과 자연, 그리고 사랑과 詩의 본질에 다가서는 도 시인은 나름의 견고한 창작토대를 바탕으로 활용하여 긴 세월 동안 숱한 시작품을 생산하여온 순수서정시인으로서 자신만의 시세계를 확실하게 구축하고 있다.

"...(전략) 만약에 당신이 / 물결 잔잔한 호수라면 / 그 호수에 떠있는 / 한 척 나룻배가 나 이고 싶다 / 만약에 당신이 / 해질녘 떠있는 초승달이라면 / 초승달 바라보며 반짝이는 / 샛별이 나 이고 싶다...(하략)" ("사랑 이야기" 중에서)

호수와 나룻배, 초승달과 샛별을 인용하여 연모의 정을 에둘러 표현하는 묘사기법이 눈에 띄며 "... 그것이 나 이고 싶은 것은 / 늘 함께 하며 / 속삭일 수 있기 때문이겠지요. (하략)" 라고 마무리 부분에서 그 사랑이 바로 아내에 대한 간절한 사랑임을 고백하고 있는 진솔한 창작의 기법이 자연스럽게 돋보이고 있다고 하겠다.

... (전략)
해는 저물어 가고 갈 길은 먼데

저녁상 차려놓고 영감님 기다리는
할매의 눈가엔 졸음이 피어 오른다

언제쯤 오시려나 벽에 기대앉은
할매가 자꾸만 꾸벅인다.

영감님 늦은 밤에 당도하여
사립문 걸어놓고 방에 들어서니
... (이하 하략, "반려" 중에서)

현대그룹의 주요 임원과 (주)우방건설의 사장 등을 지낸 都詩人은 오랜 경륜과 대형 사업 및 프로젝트 수행의 긴박하고도 중대한 시간들을 헤쳐 오면서도 끈질긴 인내심과 한결같은 자세로 詩作활동의 끈을 놓지 않고 꾸준히 작품을 생산하여 왔다. 놀라운 일이라 하지 않을 수 없으며 그 불꽃같은 창작에의 열정과 집념은 같은 시인의 한 사람으로서도 평가하지 않을 수 없다.

늦은 밤 영감님을 기다리는 할매의 너무나도 순수한 모습을 통하여 인간의 삶의 본질과 더 나아가 사랑의 원초적인 모습을 사실주의적 기법에 희화적 요소를 가미하여 잔잔하게 묘사하고 있어 자연스레 읽는 이들의 관심을 끌어당긴다.

다소의 메타포 기법을 원용하고 있는 "황혼의 빛"에서도

호숫가 양 옆으로
벚꽃 피어 한창이었는데

어느 새
벚꽃눈 함빡 흩날리누나.

피어 있을 때
그리도 고웁더니

질 때 또한
저리 아름답구나!

(이하 하략, "황혼의 빛" 중에서)

라고 노래하며 흘러가는 세월을 바라보는 노부부의 순정한 삶의 자세를 담담하게 보여줌으로서 역설적으로 강렬한 임팩트를 던져주고 있다. 세월의 흐름을 피부로 느끼면서 삶의 여정을 곱게도 걸어가고 있는 노부부의 모습이 자신에게로 투영되어 오는 현실을 우리 모두가 체험을 하고 있듯이…….

앞에서도 언급했듯이 都 詩人의 가족사랑은 깊기만 한데 시집의 제목이 <첫 딸>인 사실에서도 볼 수 있듯 가족에 대한 사랑이 도처에서 묻어나고 있다. 50여 년을 넘어서는 구원(久遠)의 세월이, 그리움과 헌신의 강물이 켜켜이 쌓아올린 아름답고도 고고한 사랑의 보금자리라 할 것이다.

… (전략)
별님아! 별님아!
넌 왜 멀리 있는 거야
가까이 올 순 없는 거야

달님아! 달님아!
비록 멀리 떨어져 있어도

내 마음 거기 있고
네 마음 여기 있어
(이하 하략, "샛별과 초승달" 중에서)

별님과 달님의 대화를 통하여 사무치는 그리움과 연모의 정을 거추장스러운 수식어도 하나 없이 어린이들의 천진난만한 동화적 기법으로 빼어난 시 작품을 생산해 내고 있는 창작기법이 돋보인다. 꾸밈없는 동화적 기법이 자연스레 작품성을 높이고 있으며 이는 오랜 세월을 끈기 있게 나름만의 문학의 길을 걸어온 都 詩人이 자신의 詩 世界를 구축하여온 열정과 집념의 결과라고 하겠다.

... (전략)

햇볕 쏟아지는 여녹도 해변에는
아늑함이 넘쳐흐르고

반짝이는 밤하늘엔
별들이 소곤소곤

달빛어린 여녹도 해변에는
사랑의 꽃이 피어오른다.

("여녹도 해변" 중에서)

마음속에서만 존재한다는 여녹도! 상상속의 낙원 여녹도를 향한 시인의 노래는 읽는 이들을 꿈나라로 들게 하고 있다. 해맑은 상상의 세계는 풍진속세(風塵俗世)에 지친 현실세계의 인간 군상들을 어디까지 데려다 줄 것인가? 모두가 기대와 호기심에 찬 눈으로 쳐다보게 만드는, 그래서 다시 한 번 담담하게 읽어 내려가게끔 만드는 "여녹도"에서 이상향을 노래하는 都 詩人의 눈매가 날카롭다. 노래가 흐르는 집- 행복이 가득한 집, 그리고 마음이 머무는 곳- 꿈이 펼쳐지는 곳 바로 여기가 여녹도 해변이라고……. 시인은 계속해서 얘기한다 "가슴속의 理想鄕(마음속 깊은 곳에 살아 숨 쉬는 여녹도)을 향한 삶의 여정은 계속되어져야 한다고... "

에필로그

율촌 도영회 시인은 자연주의자이면서도 우리의 역사와 전통을 지키고자 실질적이고도 폭넓은 활동을 펼쳐오고 있는데 역동 계상고택(易東, 繼尙古宅)이 바로 그 현장이다. 안동댐의 끝자락에 위치하고 있는 계상고택은 퇴계 이황선생이 麗末의 대표적 성리학자인 易東 우탁선생을 기리고자 건립한 역동서원을 일컫는바 대 선비의 정신이 살아 숨 쉬는 이 역동 계상고택이 후대에도 이어질 수 있도록 땀을 흘려오고 있다.

더 나아가, 자신만의 시 세계를 구축하여 긴 세월 동안 창작을 향한 불꽃투혼으로 문학에의 열정을 불사르고 있는 노 시인의 집념에 박수를 보낸다. 주목해야할 力作이자 첫 시집인 <첫 딸>을 일독함으로서 都 詩人의 시세계에 만족스러운 감동으로 다가 갈 수 있으리라 믿는다.

끝으로 시인으로서의 역사관 등 세부적으로 논급하지 못한 부분에 대하여는 차후 다시 논급할 기회가 있으리라 믿으며 이 자리를 빌어 도영회 시인의 시집 출간을 함께 기뻐하는 바이다.

시평

순수 서정의 마중물

임 무 정
문학평론가

시는 울음이다.

시를 읽지 않고도 살 수는 있다. 그러나, 잘 살 수는 없다.

시는 대상을 통하여, 내가 새로워지고 대상 또한 이전과 다른 새로운 존재성을 보여준다. 이 신기한 절차와 결과가 문자를 매개로 정련되어 남겨지면, 우리는 그것을 시라고 부른다. 그래서 시인은 원초적으로 '보는 사람이다'(서강대 최진석 교수,동아일보,2016,6,18)

우리는, 보는 사람 율촌(栗村) 도영회(都永會) 선생의 시집 <첫 딸>을 새롭게 맞이한다.

큰 그릇으로 늦게 이룬 시인 도영회는 현대시 작법의 흐름인 지루한 뇌까림의 수법이 아니라, 비교적 짧은 순수시로써 자신의 감정이나 정서를 절대적 언어로 압축하여, 눈은 입보다 더 많은 말을 함을 증언하고 있다.

시집 <첫 딸>에 드러난 그의 시 세계는

71세의 아내의 생일을 17세 소녀의 생일로--마음은 그러할 테니까, 71세 지어미의 두 눈에 맺힌 이슬을 17세 소녀의 것으로 환원하고 그 감격을 노래하고 있다('17세 소녀의 생일'에서)

꽃을 보고 있는데//불현 듯/그 사람이 보이는 것은/그 사람이// 마음 속에 홀로 피어 있기 때문일까('그 사람'에서)

눈빛으로 말할 때가 있습니다.//사랑할 때입니다./ 말로써 하지 못할 것도 말할 수 있는 게 눈빛이지요./당신과 나의 사랑입니다.('눈빛으로 말하고 마음으로 말하다'에서) 등은 사물에 대한 애정과 따스한 인간관계의 형상화이고 꽃에 관한 서정으로는

기울어 가는 집안을 붙잡고 있는/부잣집 맏며느리.('검은 점박이 나리꽃'에서)

하얀 명주옷 단정히 입은 /어지신 어머니 품 속('치자꽃'에서)

가다 서고/오다 서고// 그대는 접시꽃 되어/내 앞에 피어있습니다.('접시꽃'에서)

사랑의 꽃은//사랑을 다 해 사랑하는 사림에게만/피어날 수 있는 꽃이다('시들지 않는 꽃'에서)

문청시절, 밤잠을 못 이루었던 시인, 우리나라를 선진 경제국으로 이끈 견인차인 대기업 임원으로 경제활동을 한 기업인 시인 율촌.

그는 지금도 빵만으로만 살 수 없고, 지금, 옆 사람, 하고 있는

일에 의미를 부여하여 맑은 시심을 자아올린다.

그가, 시 '물'에서 밝힌 대로

앞만 보고 제 갈 길만 잘 가고 있다.//가면서 부딪히는 일 많아도/다투지 않고 돌아가고/있으면 있는 대로 없으면 없는 대로/빈 곳 채워주는 물이지만, 단시 위주가 아닌 장시, 산문시로도 웅숭깊은 주제를 다루었으면 하는 기대를 가져보는 것이다.

결국, 그의 시는 메마른 현실에 안주하는 물이 아니라, 맑고 고운 시심을 자아올리는 마중물인 것이다.